智慧魔方大挑战

根本**停不下来**的

成语接龙

崔钟雷 主编

知识出版社

前 言

　　书是钥匙，能开启知识之门；书是阶梯，能助人登上智慧的高峰；书是良药，能医治愚昧之症；书是乳汁，能哺育人们成长。让我们在好书的引导下，一起探寻知识的奥秘……

　　《智慧魔方大挑战》旨在帮助小学生们在打牢知识基础的同时，不断培养他们勤于思考、善于思考的能力，从而为今后的学习和生活打下良好的基础。本套丛书共20册，其中《一本不能错过的谚语书》《你没有读过的歇后语》通过生动有趣、形象简洁的文字描述，可以使小学生们从中体会深刻的道理；《根本停不下来的成语接龙》《让你疯狂点赞的成语接龙》可以培养小学生们成语初步应用的能力和提升成语活学活用的能力；《扩充你的脑容量》《天才第一步》及《成为游戏达人》通过综合训练，使小学生们的逻辑思维能力和形象思维能力都得到显著的提高……

　　此外，我们还在书中加入了一些扩展阅读，目的是使小学生们在掌握基础知识的同时，眼界变得更加开阔，思维变得更加灵活。

　　本套丛书版式设计精美，插图生动有趣，内容丰富多彩，是小学生们学习生活中不可多得的良师益友。好了，我们现在就开始阅读吧！

根本停不下来的
成语接龙

目 录

根本停不下来的
成语接龙

目 录

目 录

目 录

智慧魔方大挑战　　根本停不下来的成语接龙

根本停不下来的
成语接龙

hǔ láng zhī shì 虎狼之势	shì chéng qí hǔ 势成骑虎
hǔ wěi chūn bīng 虎尾春冰	bīng tàn bù tóu 冰炭不投
tóu shǔ jì qì 投鼠忌器	qì xiǎo yì yíng 器小易盈
yíng yíng qiū shuǐ 盈盈秋水	shuǐ tiān yí sè 水天一色
sè ruò sǐ huī 色若死灰	huī xīn gǎo xíng 灰心槁形

成语释义

虎狼之势：形容威严的气派或声势。

势成骑虎：骑在老虎背上，想下来却
不能。比喻事情中途遇到
困难，但迫于形势，想停
止也停止不了。

虎尾春冰：踩着老虎尾巴，走在春天
即将解冻的冰面上。比喻处境非常危险。

冰炭不投：比喻彼此合不来。

投鼠忌器：要打老鼠又怕打坏了它旁边的器物。比喻想打

击坏人而又有所顾忌。

器小易盈：小的容器易满。指酒量小，也指气量狭小，很容易自满。

盈盈秋水：形容眼睛明亮而传神。

水天一色：水光与天色相连。形容水域苍茫辽阔。

色若死灰：比喻脸色惨白难看。

灰心槁形：指意志消沉，形体枯槁。

故事链接

投鼠忌器

xī hàn shí qī　　　yǒu gè zhèng lùn jiā jiào jiǎ yì　　yǒu yì
西汉时期，有个政论家叫贾谊。有一
tiān　　　tā gěi dāng shí de huáng dì hàn jǐng dì jiǎng le zhè yàng
天，他给当时的皇帝汉景帝讲了这样
yí gè gù shi
一个故事：

zhè shì yí gè fēng shōu de nián tóu　　yí duì nián qīng de
这是一个丰收的年头。一对年轻的
fū fù gāng gāng shuì xià　　jiù tīng dào yǒu lǎo shǔ zǒu dòng de
夫妇刚刚睡下，就听到有老鼠走动的

shēng yīn　　lǎo shǔ zài chú fáng li zhǎo dào le chī de dōng xi
声音。老鼠在厨房里找到了吃的东西，

gāng xiǎng qù chī　　bù xiǎo xīn pèng dǎo le guō gài　　guō gài diào
刚想去吃，不小心碰倒了锅盖，锅盖掉

zài le dì shang　　yì shēng jù xiǎng　　jīng xǐng le zhè duì nián
在了地上。一声巨响，惊醒了这对年

qīng fū fù　　lǎo shǔ jí máng duǒ dào le mǐ gāng de páng biān
轻夫妇，老鼠急忙躲到了米缸的旁边。

nián qīng rén ná qǐ le yì gēn gùn zi zhǔn bèi dǎ lǎo shǔ
年轻人拿起了一根棍子准备打老鼠。

qī zi máng lán zhù tā shuō　　xiǎo xīn diǎnr　　bú yào dǎ
妻子忙拦住他说："小心点儿，不要打

suì le mǐ gāng　　nián qīng rén méi yǒu xiǎng nà me duō　　jǔ
碎了米缸。"年轻人没有想那么多，举

qǐ gùn zi jiù dǎ　　jié guǒ lǎo shǔ bèi dǎ sǐ le　　nián qīng
起棍子就打，结果老鼠被打死了。年轻

rén duì qī zi shuō　　yào shi wǒ pà dǎ suì mǐ gāng　　jiù
人对妻子说："要是我怕打碎米缸，就

dǎ bu dào lǎo shǔ le
打不到老鼠了。"

jiǎng dào zhè lǐ　　jiǎ yì jì xù shuō dào　　zhè ge gù
讲到这里，贾谊继续说道："这个故

shi de míng zi jiào zuò　　tóu shǔ jì qì　　xiàn rú jīn　　nín
事的名字叫作《投鼠忌器》。现如今，您

shēn biān yǒu bù shǎo quán guì mán hèng zhuān quán　　qī yā bǎi
身边有不少权贵蛮横专权，欺压百

xìng　　dàn shì lǎo bǎi xìng què gǎn nù bù gǎn yán　　fǎ lǜ hé xíng
姓，但是老百姓却敢怒不敢言，法律和刑

fá duì tā men yě bù qǐ zuò yòng　　zhè xiē dōu shì bǎi xìng zūn
罚对他们也不起作用，这些都是百姓尊

zhòng bì xià de jié guǒ　　zhèng suǒ wèi　　tóu shǔ
重陛下的结果，正所谓'投鼠

jì qì　　suǒ yǐ　　nín yào shi xiǎng wéi hù nín
忌器'。所以，您要是想维护您

de zūn yán　　jiù děi yòng zhì dù hé fǎ
的尊严，就得用制度和法

lǜ qù yuē shù tā men　　hàn jǐng
律去约束他们。"汉景

dì tīng wán zhè ge gù shi
帝听完这个故事，

lián xiǎng dào shēn biān fā shēng
联想到身边发生

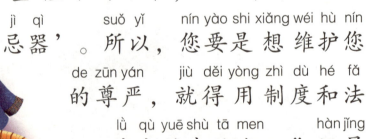

de shì qing　　hěn zàn tóng jiǎ yì de zhǔ zhāng　　jué dìng jí qǔ

的事情，很赞同贾谊的主张，决定汲取

jiào xun　　jiāng qī yā bǎi xìng de quán guì shéng zhī yǐ fǎ

教训，将欺压百姓的权贵绳之以法。

趣味游戏

第一关：巧填成语。

第二关：将下面的空格补全。

游戏解答

第一关答案：

夸	父	逐	日
强	颜	欢	笑
力	绰影影 绰 剑	里藏刀光	
富			月
年	经	月	累

日积月累

第二关答案：

一	偷	生	短	说	八	方
丝	且	不	话	三	面	枘
不	苟	逢	长	道	四	圆
物	接	时	心	重	语	凿
以	人	不	花	言	巧	壁
类	待	我	生	底	笔	偷
聚	精	会	神	来	之	光

huǒ shāo méi mao	máo sè dùn kāi
火烧眉毛	茅塞顿开
kāi juàn yǒu yì	yì lùn fēn fēn
开卷有益	议论纷纷
fēn zhì tà lái	lái zōng qù jì
纷至沓来	来踪去迹
jì rì ér dài	dài zuì lì gōng
计日而待	戴罪立功
gōng zhèng wú sī	sī mǎ zhāo zhī xīn
公正无私	司马昭之心

成语释义

火烧眉毛：大火烧到眉毛。比喻事到眼前，非常急迫。

茅塞顿开：形容思想忽然开窍，立刻明白了某个道理。茅塞：比喻人思路闭塞或不懂事。顿：立刻。

开卷有益：形容读书总有好处。开卷：打开书本，指读书。有益：有好处。

议论纷纷：形容意见不一，议论很多。

根本停不下来的成语接龙

纷至沓来：形容接连不断地到来。纷：众多，杂乱。沓：多，重复。

来踪去迹：指人的来去行踪。

计日而待：可以数着日子等待。形容为时不远。

戴罪立功：在承担某种罪名的情况下建立功勋，以功赎罪。

公正无私：办事公正，没有私心。

司马昭之心：指人的野心显露无遗，尽人皆知。

故事链接

司马昭之心

三国后期，魏国的实际权力都掌握在司马氏手中，皇帝在这时形同虚设，司马家的人根本不把他放在眼里。

司马懿在世的时候，对魏国的皇帝比较尊重，他的儿子司马师继任大将军后，就开始变得专横跋扈起来。他的弟弟司马昭做大将军时，就已经在朝廷里独揽大权了。

司马昭越来越专横了，当时的皇帝曹髦也如同一个摆设，根本没有实权。曹髦虽然心中愤恨，但也无可奈何。为了排解心中的郁闷，他便提笔写了一首诗，诗中暗喻自己是深渊中受伤的蛟龙，看着泥鳅在自己面前舞蹈，

zì jǐ yě zhǐ hǎo bǎ lì zhǎo
自己也只好把利爪
hé yá chǐ cáng qi lai
和牙齿藏起来。
méi xiǎng dào zhè shǒu shī
没想到这首诗
bèi sī mǎ zhāo kàn dào le
被司马昭看到了，
tā lái dào gōng diàn dāng
他来到宫殿，当
zhòng jiāng cáo máo chì zé le
众将曹髦斥责了
yí dùn shuō wán shuǎi shǒu
一顿，说完甩手
jiù zǒu le
就走了。

sī mǎ zhāo zǒu hòu cáo máo jué de zì jǐ shòu le qí chǐ
司马昭走后，曹髦觉得自己受了奇耻
dà rǔ tā zài yě wú fǎ rěn shòu zhè yàng de qū rǔ le jué
大辱，他再也无法忍受这样的屈辱了，决
dìng yǔ sī mǎ zhāo pīn gè nǐ sǐ wǒ huó yú shì tā zhǎo
定与司马昭拼个你死我活。于是，他找
lái le liǎng gè zì jǐ de xīn fù xiǎng ràng tā men bāng zì jǐ
来了两个自己的心腹，想让他们帮自己
tǎo fá sī mǎ zhāo qí zhōng yì rén quàn tā děng dài hé shì de
讨伐司马昭。其中一人劝他等待合适的

时机再动手，可是曹髦已经忍无可忍，他提着佩剑就向司马昭的官邸走去。可怜的曹髦，终于因为敌我力量悬殊，被司马昭的部下杀死。

曹髦死后，司马昭又立曹奂为帝。司马昭死后，他的儿子司马炎干脆废掉皇帝曹奂，自己当上了皇帝，将国号改成了晋。

趣味游戏

第一关：试着填出含有下列气象词语的成语。

风：（　　　　）

雨：（　　　　）

雷：（　　　　）

电：（　　　　）

根本停不下来的成语接龙

第二关：填数字，学成语。

（　　）帆风顺　　（　　）三其意
（　　）足鼎立　　（　　）面楚歌
（　　）谷不分　　（　　）朝金粉
（　　）窍生烟　　（　　）面玲珑
（　　）霄云外　　（　　）指连心

游戏解答

第一关答案：

风：（叱咤风云）

雨：（风调雨顺）

雷：（雷厉风行）

电：（风驰电掣）

第二关答案：

（一）帆风顺　　（二）三其意
（三）足鼎立　　（四）面楚歌
（五）谷不分　　（六）朝金粉
（七）窍生烟　　（八）面玲珑
（九）霄云外　　（十）指连心

mò míng qí miào　　miào bù kě yán
莫名其妙　　妙不可言

yán bù yóu zhōng　　zhōng yán nì ěr
言不由衷　　忠言逆耳

ěr wén mù dǔ　　dǔ xìn hào xué
耳闻目睹　　笃信好学

xué yè yǒu chéng　　chéng jiā lì yè
学业有成　　成家立业

yè láng zì dà　　dà cái xiǎo yòng
夜郎自大　　大材小用

成语释义

莫名其妙：说不出其中的奥妙。指事
　　　　　情很奇怪，说不出道理来。

妙不可言：形容好得难以用文字、语
　　　　　言表达。妙：美妙。

言不由衷：指话不是打心眼儿里说出
　　　　　来的，即说的不是真心话。
　　　　　由：从。衷：内心。

忠言逆耳：指诚恳劝告的话，往往让人听起来不舒服。逆
　　　　　耳：不顺耳。

耳闻目睹：指亲耳听到，亲眼看见。闻：听见。睹：看见。

笃信好学：指对道德和事业抱有坚定的信心，勤学好问。笃信：忠实地信仰。

学业有成：学习取得了一定成果。

成家立业：指结了婚，有了家业或建立了某项事业。

夜郎自大：比喻人无知而又狂妄自大。夜郎：汉代西南地区一个小国。

大材小用：把大的材料当成小的材料用。比喻使用不当，浪费人才。

故事链接

夜郎自大

zài hàn cháo wǒ guó xī nán fāng yǒu xiē xiǎo guó qí
在汉朝，我国西南方有些小国，其

zhōng yǒu yí gè chēng diān guó yí gè chēng yè láng
中有一个称"滇国"，一个称"夜郎

guó yǒu yí cì hàn cháo pài le yí gè shǐ chén qù xī nán
国"。有一次，汉朝派了一个使臣去西南

fāng shǐ chén xiān dào diān
方。使臣先到滇

guó diān guó de guó wáng
国，滇国的国王

wèn tā hàn cháo yǒu duō
问他："汉朝有多

dà dì pán ya tā yǔ wǒ
大地盘呀？它与我

de guó jiā xiāng bǐ shéi de dà yì
的国家相比，谁的大一

xiē ya shǐ chén lái dào le yè
些呀？"使臣来到了夜

láng guó yè láng guó de guó wáng
郎国，夜郎国的国王

yě shì zhè yàng wèn de yè láng guó de guó wáng zì yǐ wèi kě
也是这样问的。夜郎国的国王自以为可

yǐ hé hàn cháo xiāng bǐ yīn wèi tā cóng wèi lí kāi guo zì jǐ
以和汉朝相比，因为他从未离开过自己

de guó tǔ yě bù zhī wài jiè de qíng xing qí shí yè láng guó
的国土，也不知外界的情形，其实夜郎国

hé diān guó yí yàng zhǐ yǒu hàn cháo yí gè xiàn nà me dà
和滇国一样，只有汉朝一个县那么大！

趣味游戏

第一关：巧填成语。

出	生	入	
精		入	心
大	出	浅	塌
	物	大	

第二关：试着填上含有下列颜色的成语。

白：（　　　　　）　黄：（　　　　　　）　青：（　　　　　　）

蓝：（　　　　　）　绿：（　　　　　　）　黑：（　　　　　　）

游戏解答

第一关答案：

出	生	入	死
精	深	入	心
大	出	浅	塌
博	物	大	地

第二关答案：

白：（白璧无瑕）

黄：（飞黄腾达）

青：（名垂青史）

蓝：（蓝田生玉）

绿：（花红柳绿）

黑：（昏天黑地）

huà shé tiān zú 画蛇添足	zú zhì duō móu 足智多谋
móu lǜ shēn yuǎn 谋虑深远	yuǎn jiàn zhuó shí 远见卓识
shí duō cái guǎng 识多才广	guǎng kāi yán lù 广开言路
lù lù wú wéi 碌碌无为	wéi fù bù rén 为富不仁
rén jié dì líng 人杰地灵	líng dān miào yào 灵丹妙药

成语释义

画蛇添足：画蛇时给蛇添上脚。比喻做了多余的事，反而把事情弄糟了。

足智多谋：富有智慧，善于谋划。形容人善于料事和用计。

谋虑深远：指思虑、计谋等深刻而长远。

远见卓识：指有远大的眼光和高明的见解。

识多才广：指具有广博的知识和多方面的
　　　　　才能。
广开言路：指解除人们不必要的顾虑，
　　　　　使之能尽量地发表意见。言
　　　　　路：进言的途径、路径。
碌碌无为：平平庸庸，无所作为。
为富不仁：指靠不正当手段发财致富的
　　　　　人没有好心肠。为：做，引
　　　　　申为谋求。
人杰地灵：指杰出人物降生或到过的地方成为名胜之区。
灵丹妙药：非常灵验、能起死回生的奇药。比喻幻想中的
　　　　　某种能解决一切问题的有效方法。

画蛇添足

cóng qián　　chǔ guó yǒu gè guì zú　　　jì guo zǔ zong yǐ
从前，楚国有个贵族，祭过祖宗以
hòu　　shǎng gěi qián lái bāng máng de mén kè men yì hú jiǔ
后，赏给前来帮忙的门客们一壶酒。
mén kè men hù xiāng shāng liang shuō　　　zhè yàng ba　　wǒ men
门客们互相商量说："这样吧，我们

gè zì zài dì shang huà tiáo shé　　shéi xiān huà hǎo　　shéi jiù hē
各自在地上画条蛇，谁先画好，谁就喝

zhè hú jiǔ　　　　qí zhōng yí gè rén zuì xiān bǎ shé huà hǎo
这壶酒。"其中一个人最先把蛇画好

le　　tā fā xiàn bié rén hái zài mái tóu huà zhe ne　　yú shì biàn
了，他发现别人还在埋头画着呢，于是便

ná zhe jiǔ hú jì xù huà shé　　bìng shuō　　　　wǒ hái néng gěi
拿着酒壶继续画蛇，并说："我还能给

tā tiān shàng jiǎo ne　　　　kě shì méi děng
它添上脚呢！"可是没等

tā bǎ shé jiǎo huà wán　　lìng yí gè
他把蛇脚画完，另一个

rén yǐ bǎ shé huà chéng le　　　　nà
人已把蛇画成了。那

rén bǎ jiǔ hú qiǎng le guò qù
人把酒壶抢了过去，

shuō　　　　shé běn
说："蛇本

lái　shì méi yǒu jiǎo de　　nín zěn me néng gěi　tā tiān shàng jiǎo

来是没有脚的，您怎么能给它添上脚

ne　　　shuō bà　　biàn bǎ hú zhōng de jiǔ hē le xià qù

呢？”说罢，便把壶中的酒喝了下去。

趣味游戏

第一关：巧填趣味成语。

最高的人——（　　　　　　　）

最多的变化——（　　　　　　　）

最长的腿——（　　　　　　　）

最快的水流——（　　　　　　　）

最大的手——（　　　　　　　）

最遥远的地方——（　　　　　　　）

最奇怪的动物——（　　　　　　　）

第二关：在括号内填写近义词补全成语。

（　）思（　）想

胡（　）非（　）

（　）饥（　）渴

（　）凶（　）恶

凶（　）恶（　）

冷（　）热（　）

根本停不下来的成语接龙

游戏解答

第一关答案：

最高的人——（顶天立地）

最多的变化——（千变万化）

最长的腿——　（一步登天）

最快的水流——（一泻千里）

最大的手——　（一手遮天）

最遥远的地方——（天涯海角）

最奇怪的动物——（虎头蛇尾）

第二关答案：

（胡）思（乱）想

胡（作）非（为）

（如）饥（似）渴

（穷）凶（极）恶

凶（神）恶（煞）

冷（嘲）热（讽）

bèi ér bú yòng
备而不用

yòng bīng rú shén
用兵如神

shén tōng guǎng dà
神通广大

dà shī suǒ wàng
大失所望

wàng chuān qiū shuǐ
望穿秋水

shuǐ luò shí chū
水落石出

chū shēng rù sǐ
出生入死

sǐ bù míng mù
死不瞑目

mù dèng kǒu dāi
目瞪口呆

dāi ruò mù jī
呆若木鸡

成语释义

备而不用：指准备好了，以
　　　　　备急用，而眼
　　　　　下暂时不用。

用兵如神：调兵遣将如同神
　　　　　人。形容善于指
　　　　　挥作战。

神通广大：原指法术广大无
　　　　　边。现形容本领高超，无所不能。

大失所望：指原来的希望完全落空。

望穿秋水：形容盼望得非常急切。

水落石出：水落下去，水底的石头就露出来。比喻事情的真相完全显露出来。

出生入死：原指从出生到死去。后形容冒生命危险，不顾个人安危。

死不瞑目：死了也不闭眼。原指人死的时候心里还有放不下的事。现常用来形容极不甘心。瞑目：闭眼。

目瞪口呆：形容因吃惊或害怕而发愣的样子。

呆若木鸡：呆得像木头鸡一样。形容因恐惧或惊讶而发愣的样子。

故事链接

呆若木鸡

chūn qiū shí qī　　mín jiān liú xíng zhe yì zhǒng dòu jī de
春秋时期，民间流行着一种斗鸡的

yú lè huó dòng　　yǒu wèi jiào jì shěng zǐ de rén　　shì xùn yǎng
娱乐活动。有位叫纪渻子的人，是驯养

dòu jī de háng jia　　yǒu yì huí　　tā wèi qí wáng xùn yǎng dòu
斗鸡的行家。有一回，他为齐王驯养斗

jī　　xùn le shí tiān yǐ hòu　　qí wáng biàn wèn tā　　　　dòu
鸡，驯了十天以后，齐王便问他："斗

jī xùn yǎng de zěn me yàng le　　　　jì shěng zǐ huí dá shuō
鸡驯养得怎么样了？"纪渻子回答说：

bù xíng a
"不行啊。"

jì shěng zǐ yì zhí bǎ dòu jī xùn yǎng le sì shí tiān
纪渻子一直把斗鸡驯养了四十天，

zhè cái gào su qí wáng shuō　　　　dòu jī xùn yǎng chéng gōng
这才告诉齐王说："斗鸡驯养 成 功

le　　tā xīn shén ān dìng　　kàn shang qu hǎo xiàng shì yì zhī mù
了，它心神安定，看上去好像是一只木

tou zuò de jī　　shéi yě
头做的鸡，谁也

bù gǎn tóng tā dòu　　zhè
不敢同它斗，这

zhī jī tiān xià wú dí
只鸡天下无敌

a　　　　hòu lái qí wáng
啊！"后来齐王

yòng zhè zhī dòu jī qù cān
用这只斗鸡去参

jiā bǐ sài　　guǒ rán shì
加比赛，果然是

suǒ xiàng pī mí
所向披靡。

趣味游戏

第一关：填成语，想一想这样的成语还有哪些。

朝（　）暮（　）

（　）古（　）今

地（　）天（　）

（　）巧（　）拙

第二关：看一看下面的括号如何填，才能使每行组成两个首尾相接的成语。

心（　）（　）（　）（　）（　）心

（　）心（　）（　）（　）心（　）

游戏解答

第一关答案：

朝（三）暮（四）

（借）古（讽）今

地（老）天（荒）

（弄）巧（成）拙

第二关答案：

心（口）（不）（一）（见）（倾）心

（提）心（吊）（胆）（战）心（惊）

根本停不下来的成语接龙

<table>
<tr><td>àn dù chén cāng
暗度陈仓</td><td>cāng hǎi sāng tián
沧海桑田</td></tr>
<tr><td>tián yán mì yǔ
甜言蜜语</td><td>yǔ máo fēng mǎn
羽毛丰满</td></tr>
<tr><td>mǎn zài ér guī
满载而归</td><td>guī xīn sì jiàn
归心似箭</td></tr>
<tr><td>jiàn sǐ bú jiù
见死不救</td><td>jiù dì qǔ cái
就地取材</td></tr>
<tr><td>cái duǎn sī sè
才短思涩</td><td>sè shòu hún yǔ
色授魂与</td></tr>
</table>

成语释义

暗度陈仓：比喻暗中进行某种活动。度：越过。

沧海桑田：比喻人世间事物变迁极大，或者变化极快。

甜言蜜语：像蜜糖一样甜的话。比喻为了骗人而说的动听的话。

羽毛丰满：小鸟儿的羽毛已经长全。比喻已经成熟或实力已强大。

满载而归：装得满满地回来。形容

收获很大。

归心似箭：想回家的心情像射出的
　　　　箭一样。形容回家心切。

见死不救：指看见别人有急难而不
　　　　去救援。

就地取材：在本地找需要的材料。
　　　　比喻不依靠外力，充分
　　　　发挥本地的潜力。

才短思涩：见识短浅，思路迟钝。
　　　　指写作能力差。

色授魂与：形容彼此用眉目传情，心意投合。色：脸上的
　　　　表情。授、与：给予。

暗度陈仓

xiàng yǔ zài qín cháo miè wáng zhī hòu zì fēng wéi xī chǔ
项 羽 在 秦 朝 灭 亡 之 后， 自 封 为 西 楚

bà wáng tā hái cè fēng le shí bā gè zhū hóu wáng xiàng yǔ
霸 王， 他 还 册 封 了 十 八 个 诸 侯 王。 项 羽

dān xīn liú bāng jiāng lái huì yǔ zì jǐ zhēng duó tiān xià jiù àn
担 心 刘 邦 将 来 会 与 自 己 争 夺 天 下， 就 暗

中与范增商量，决定将刘邦贬到地势险要的巴蜀地区。于是，刘邦被封为汉王，受命管辖巴、蜀、汉一带，建都南郑（今陕西南郑县）。项羽又将汉中一分为三，封秦降将章邯等为王，让他们封锁汉中，牵制汉军的行动。

刘邦对此非常不满，但也没有办法，只好带了三万

人马经栈道入汉中。为了防备章邯等派兵袭击，同时也为了麻

痹项羽，让他认为汉军没有再回关中的打算，刘邦在进入汉中后，就下令放火焚烧了栈道。

同时，项羽的分封也引起了一些握有重兵的将领的不满。公元前208年，也就是项羽分封不到半年的时候，田荣首先在齐地举兵反抗项羽，很快便占领了三齐，控制了梁、赵。项羽亲自领兵前去征讨，这给伺机进入关中的汉

军提供了很好的机会。

这时，刘邦已经接

受丞相萧何的建

议，拜韩信为大将。

刘邦采用韩信的计策，公开派人去修复

栈道。消息传到项羽耳中，项羽不知

是计，认为修复栈道的工程浩大，一年

半载无法完成，等到平定三齐再去阻击

汉军也不晚，于是就放松了警戒。谁知

刘邦趁机发动突然袭击，从西边的故道

绕行北上，暗度陈仓，从汉中迅速进

入关中。雍王章邯急忙率兵前往

陈仓堵截，但他的军队被占领有利地形

的汉军打败。刘邦一举平定三秦，夺取函谷关及其以西地区。接着刘邦率军东下，出武关，迫使塞王欣、翟王翳、河南王申阳、魏王豹投降，并俘虏了殷王印，击败了韩王昌，从此汉军声威大震。

后来，刘邦公开宣布同项羽决战，揭开了历时四年之久的楚汉之争的序幕。

趣味游戏

第一关：在括号内填入反义词。

弄（　）成（　）　积（　）成（　）

（　）古（　）今　同（　）共（　）

（　）口（　）声　（　）怒（　）乐

第二关：改正下面成语中的错别字。

不径而走　不落巢臼

重蹈复辙　出奇致胜

发奋图强　各行其事

游戏解答

第一关答案：

弄（巧）成（拙）　积（少）成（多）

（是）古（非）今　同（甘）共（苦）

（异）口（同）声　（喜）怒（哀）乐

第二关答案：

不径（胫）而走　不落巢（窠）臼

重蹈复（覆）辙　出奇致（制）胜

发奋（愤）图强　各行其事（是）

shǔ jiǔ hán tiān 数 九 寒 天	tiān fāng yè tán 天 方 夜 谭
tán tiān shuō dì 谈 天 说 地	dì zhǔ zhī yì 地 主 之 谊
yì qì xiāng tóu 意 气 相 投	tóu zhòng jiǎo qīng 头 重 脚 轻
qīng jiǎo qīng shǒu 轻 脚 轻 手	shǒu zhū dài tù 守 株 待 兔
tù sī yàn mài 兔 丝 燕 麦	mài zhǔ qiú róng 卖 主 求 荣

根本停不下来的成语接龙

成语释义

数九寒天：指严寒的日子。

天方夜谭：比喻虚妄荒诞的言论。

谈天说地：指随便谈论，漫无边际。

地主之谊：指本地主人应尽的招待外地来的客人的义务。地主：当地的主人。谊：通"义"，义务。

意气相投：指志趣和性格相同的人，彼此投合。

头重脚轻：头脑发胀，脚下无力。形容眩晕的感觉，也比

喻基础不牢固。

轻脚轻手：同轻手轻脚。手脚动
作很轻，尽量少发出
声响。

守株待兔：比喻不主动努力，却
希望得到意外的收获。

兔丝燕麦：像菟丝子那样有丝之名而不能织，像燕麦那样
有麦之名而不能食。比喻有名无实。兔丝：菟
丝子，寄生的蔓草。

卖主求荣：出卖自己的主人，谋求个人的荣华富贵。

故事链接

守株待兔

古时候，宋国有个农夫。一天，农夫
gǔ shí hou sòng guó yǒu gè nóng fū yì tiān nóng fū

正在田里干活，太阳火辣辣的，晒得农夫
zhèng zài tián li gànhuó tài yáng huǒ là là de shài de nóng fū

直流汗，他就到田边的树林里休息一会儿。
zhí liú hán tā jiù dào tiánbiān de shù lín li xiū xi yí huìr

突然，他看见一只兔子一头撞在树
tū rán tā kàn jian yì zhī tù zi yì tóu zhuàng zài shù

上，撞断了脖子，不一会儿就死了。
shang zhuàng duàn le bó zi bù yí huìr jiù sǐ le

nóng fū méi fèi chuī huī zhī lì jiù dé dào le yì zhī tù zi tā
农夫没费吹灰之力就得到了一只兔子，他
gāo xìng jí le
高兴极了。

　　nóng fū xiǎng zhòng dì tài xīn kǔ le hái bù rú
　　农夫想："种地太辛苦了，还不如
měi tiān zài shù lín li děng tù zi ne yú shì tā rēng xià
每天在树林里等兔子呢。"于是，他扔下
le chú tou měi tiān dūn zài shù lín li děng zài yǒu tù zi lái
了锄头，每天蹲在树林里，等再有兔子来
zhuàng sǐ zài shù shang tā cóng zǎo chen děng dào wǎn shang
撞死在树上。他从早晨等到晚上，
cóng chūn tiān děng dào dōng
从春天等到冬
tiān zài yě méi yǒu děng lái
天，再也没有等来
yì zhī tù zi ér
一只兔子。而
tā de tián dì què huāng
他的田地却荒
wú le liáng shi yě
芜了，粮食也
kē lì wèi shōu
颗粒未收。

趣味游戏

第一关：叠字填成语。

明（ ）（ ）（ ）

风（ ）（ ）（ ）

花（ ）（ ）（ ）

鬼（ ）（ ）（ ）

第二关：成语接龙游戏。

金（ ）玉（ ）

（ ）而（ ）信

信（ ）开（ ）

（ ）情（ ）理

理（ ）词（ ）

（ ）山（ ）水

水（ ）渠（ ）

（ ）千（ ）万

万（ ）一（ ）

游戏解答

第一关答案：

明（明）（白）（白）

风（风）（火）（火）

花（花）（绿）（绿）

鬼（鬼）（祟）（祟）

第二关答案：

金（口）玉（言）　　（言）而（无）信

信（口）开（河）　　（合）情（合）理

理（屈）词（穷）　　（穷）山（恶）水

水（到）渠（成）　　（成）千（上）万

万（无）一（失）

根本停不下来的成语接龙

xīn zhào bù xuān
心照不宣

xuān rán dà bō
轩然大波

bō luàn fǎn zhèng
拨乱反正

zhèng zhòng xià huái
正中下怀

huái cái bú yù
怀才不遇

yù gài mí zhāng
欲盖弥彰

zhāng tóu shǔ mù
獐头鼠目

mù zhōng wú rén
目中无人

rén rén zì wēi
人人自危

wēi yán sǒng tīng
危言耸听

 成语释义

心照不宣：彼此心里明白，而不必公开说出来。形容互相
早已有了默契。

轩然大波：指高高涌起的波涛。比喻大的纠纷或风潮。

拨乱反正：治平乱世，恢复正常秩序。

正中下怀：指正合自己的心意。

怀才不遇：指满腹的才学，遇不到赏识的人，不能发挥作用。

欲盖弥彰：想掩盖坏事的真相，结果反而更明显地暴露出来。

獐头鼠目：形容人的样子寒酸卑贱，仪表猥琐，神情狡猾。
后常用来形容面目丑陋、心术不正的人。

目中无人：眼里没有别人。形容骄傲自大，看不起人。

人人自危：指每个人都感到自己身处危险而恐惧不安。

危言耸听：指故意说些惊人的话，让人听了震惊、害怕。

人人自危

gōng yuán qián　　　nián　　tǒng yī zhōng guó de qín shǐ
公 元 前 209 年，统 一 中 国 的 秦 始
huáng zài chū xún tú zhōng dé le zhòng bìng　　tā jiàn zì jǐ mìng
皇 在 出 巡 途 中 得 了 重 病。他 见 自 己 命

<ruby>在<rt>zài</rt></ruby><ruby>旦<rt>dàn</rt></ruby><ruby>夕<rt>xī</rt></ruby>，<ruby>便<rt>biàn</rt></ruby><ruby>命<rt>mìng</rt></ruby><ruby>令<rt>lìng</rt></ruby><ruby>赵<rt>zhào</rt></ruby><ruby>高<rt>gāo</rt></ruby><ruby>写<rt>xiě</rt></ruby><ruby>遗<rt>yí</rt></ruby><ruby>诏<rt>zhào</rt></ruby>，<ruby>要<rt>yào</rt></ruby><ruby>公<rt>gōng</rt></ruby><ruby>子<rt>zǐ</rt></ruby><ruby>扶<rt>fú</rt></ruby>

<ruby>苏<rt>sū</rt></ruby><ruby>速<rt>sù</rt></ruby><ruby>回<rt>huí</rt></ruby><ruby>咸<rt>xián</rt></ruby><ruby>阳<rt>yáng</rt></ruby><ruby>奔<rt>bēn</rt></ruby><ruby>丧<rt>sāng</rt></ruby>。<ruby>没<rt>méi</rt></ruby><ruby>想<rt>xiǎng</rt></ruby><ruby>到<rt>dào</rt></ruby>，<ruby>赵<rt>zhào</rt></ruby><ruby>高<rt>gāo</rt></ruby><ruby>却<rt>què</rt></ruby><ruby>扣<rt>kòu</rt></ruby><ruby>下<rt>xià</rt></ruby>

<ruby>遗<rt>yí</rt></ruby><ruby>诏<rt>zhào</rt></ruby>，<ruby>与<rt>yǔ</rt></ruby><ruby>秦<rt>qín</rt></ruby><ruby>始<rt>shǐ</rt></ruby><ruby>皇<rt>huáng</rt></ruby><ruby>的<rt>de</rt></ruby><ruby>小<rt>xiǎo</rt></ruby><ruby>儿<rt>ér</rt></ruby><ruby>子<rt>zi</rt></ruby><ruby>胡<rt>hú</rt></ruby><ruby>亥<rt>hài</rt></ruby><ruby>一<rt>yì</rt></ruby><ruby>起<rt>qǐ</rt></ruby><ruby>伪<rt>wěi</rt></ruby><ruby>造<rt>zào</rt></ruby>

<ruby>遗<rt>yí</rt></ruby><ruby>诏<rt>zhào</rt></ruby>，<ruby>说<rt>shuō</rt></ruby><ruby>秦<rt>qín</rt></ruby><ruby>始<rt>shǐ</rt></ruby><ruby>皇<rt>huáng</rt></ruby><ruby>立<rt>lì</rt></ruby><ruby>胡<rt>hú</rt></ruby><ruby>亥<rt>hài</rt></ruby><ruby>为<rt>wéi</rt></ruby><ruby>太<rt>tài</rt></ruby><ruby>子<rt>zǐ</rt></ruby>，<ruby>并<rt>bìng</rt></ruby><ruby>且<rt>qiě</rt></ruby><ruby>残<rt>cán</rt></ruby>

<ruby>忍<rt>rěn</rt></ruby><ruby>地<rt>de</rt></ruby><ruby>逼<rt>bī</rt></ruby><ruby>迫<rt>pò</rt></ruby><ruby>扶<rt>fú</rt></ruby><ruby>苏<rt>sū</rt></ruby><ruby>和<rt>hé</rt></ruby><ruby>大<rt>dà</rt></ruby><ruby>将<rt>jiàng</rt></ruby><ruby>蒙<rt>méng</rt></ruby><ruby>恬<rt>tián</rt></ruby><ruby>自<rt>zì</rt></ruby><ruby>杀<rt>shā</rt></ruby>。<ruby>他<rt>tā</rt></ruby><ruby>们<rt>men</rt></ruby><ruby>的<rt>de</rt></ruby>

阴谋得逞了，胡亥当了皇帝，称秦二世。胡亥拜赵高为郎中令。从那以后，朝中政事全由赵高把持。干了亏心事的胡亥和赵高生怕别人不服，便制定了更加严酷的刑罚。他们还杀害信不过的人，首先杀死了蒙恬的弟弟蒙毅。胡亥又将自己其他的兄弟姐妹一起杀掉，受牵连而被杀的人更是不计其数。由于秦二世昏庸残暴，法令苛严，大臣们一个个提心吊胆，人人自危，朝政一片混乱。公元前207年，秦王朝终于被农民起义军推翻了。

趣味游戏

第一关：补全下面的成语。

恨（　）不成（　）

礼（　）情意（　）

知（　）莫若（　）

功（　）自然（　）

百（　）无轻（　）

疾（　）知劲（　）

第二关：把下面的成语补全，想想还有哪些类似的成语？

（　）兄（　）弟

（　）兄（　）弟

兄（　）弟（　）

兄（　）弟（　）

（　）子（　）孙

（　）子（　）孙

母（　）子（　）

母（　）子（　）

游戏解答

第一关答案：

恨（铁）不成（钢）　礼（轻）情意（重）

知（子）莫若（父）　功（到）自然（成）

百（步）无轻（担）　疾（风）知劲（草）

第二关答案：

（称）兄（道）弟　（难）兄（难）弟

兄（肥）弟（瘦）　兄（终）弟（及）

（孝）子（贤）孙　（孝）子（慈）孙

母（以）子（贵）　母（慈）子（孝）

根本停不下来的成语接龙

wài qiáng zhōng gān	gān chéng zhī jiàng
外强中干	干城之将
jiàng yù liáng cái	cái huá gài shì
将遇良才	才华盖世
shì dài xiāng chuán	chuán shén ē dǔ
世代相传	传神阿堵
dǔ wù sī rén	rén cái bèi chū
睹物思人	人才辈出
chū qí bú yì	yì wèi shēn cháng
出其不意	意味深长

成语释义

外强中干：泛指人或事物外表好像很强大，实际上却很空虚。

干城之将：比喻捍卫国家的将才。

将遇良才：指双方本领相当，能人碰上能人。

才华盖世：指才能很高，远远超出当代的人。

世代相传：指世世代代流传着。

传神阿堵：传神之处，正在这里。形容用图画或文字描写
人物，能得其精神。阿堵：六朝人的口语，相
当于现代的“这里”。

睹物思人：指看见久别的人或逝去的人留下的东西就想起这
个人。

人才辈出：形容人才不断地涌现。

出其不意：指出乎人的意料。

意味深长：指意义深远，有无限的情趣。

故事链接

外强中干

chūn qiū shí　　qín guó gōng
春秋时，秦国攻
dǎ jìn guó　　jìn huì gōng lǐng bīng
打晋国，晋惠公领兵
zuò zhàn　　jìn guó dà fū qìng
作战。晋国大夫庆
zhèng kàn dào jìn guó lā zhàn chē
郑看到晋国拉战车
de mǎ dōu shì zhèng guó de
的马都是郑国的，

biàn quàn jìn huì gōng yòng běn guó chǎn de mǎ　yīn wèi běn guó de
便劝晋惠公用本国产的马，因为本国的

mǎ shú xī huí jiā de lù　　zhèng guó de mǎ kàn qi lai wēi fēng
马熟悉回家的路。 郑国的马看起来威风

lǐn lǐn　　shí jì shang shì wài qiáng zhōng gān　　dǎ qǐ zhàng lai
凛凛，实际上是外强中干，打起仗来

jiù huì lín zhèn tuì suō　　kě shì jìn huì gōng bù tīng qìng zhèng de
就会临阵退缩。可是晋惠公不听庆郑的

yì jiàn　　jié guǒ zài zhàn zhēng zhōng nà xiē mǎ bèi dài jìn ní
意见，结果在战争中那些马被带进泥

kēng　　jìn huì gōng yě chéng le qín guó de fú lǔ
坑，晋惠公也成了秦国的俘虏。

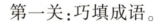

第一关：巧填成语。

爱		胆	
憎	张	战	失
分	目	心	慌
	明		惊

第二关：在下面的括号内填入意思相反的字，补全成语。

知（　）识（　）　　　出（　）入（　）

鉴（　）知（　）　　　舍（　）忘（　）

辞（　）迎（　）　　　谈（　）论（　）

游戏解答

第一关答案：

爱	胆	胆	措
憎	张	战	失
分	目	心	慌
明	明	惊	惊

第二关答案：

知（高）识（低）　　出（生）入（死）

鉴（往）知（来）　　舍（生）忘（死）

辞（旧）迎（新）　　谈（古）论（今）

根本停不下来的成语接龙

yù bà bù néng 欲罢不能	néng zhě duō láo 能者多劳
láo kǔ gōng gāo 劳苦功高	gāo shān liú shuǐ 高山流水
shuǐ dà yú duō 水大鱼多	duō duō yì shàn 多多益善
shàn qì yíng rén 善气迎人	rén qì wǒ qǔ 人弃我取
qǔ cháng bǔ duǎn 取长补短	duǎn xiǎo jīng hàn 短小精悍

成语释义

欲罢不能：想罢手也不行。指已形成某种局面，无法改变。

能者多劳：指人有才能，则事多而操劳。用以称誉人多能且耐劳。

劳苦功高：出了极大的力气，立下了很高的功劳。

高山流水：比喻知音难得或乐曲高妙。

水大鱼多：水面宽广，鱼必众多。比喻事物随其所凭借之物的丰盛而丰盛。

多多益善：指越多越好。

善气迎人：形容用和蔼可亲的态度对待人。善气：和蔼可亲
的态度。

人弃我取：别人抛弃的东西我拾起来。原指商人廉价收买
滞销物品，待涨价后卖出以获取厚利，后指人兴
趣或见解与众不同。

取长补短：汲取别人的长处来弥补自己的不足之处。也泛
指在同类事物中汲取这个的长处来弥补那个的
短处。

短小精悍：形容人身躯短小，精明强悍。也形容文章或发言
简短而有力。

高山流水

gǔ shí hou yǒu duì hǎo péng you　　　　yú bó yá hé zhōng
古时候有对好朋友——俞伯牙和钟
zǐ qī　　　yú bó yá tán de yì shǒu hǎo qín　　ér zhōng zǐ qī
子期。俞伯牙弹得一手好琴，而钟子期
zé shì gè dǒng yīn yuè de háng jia
则是个懂音乐的行家。

yí cì　　liǎng gè rén zài yì qǐ tán qín yú lè　　yú bó
一次，两个人在一起弹琴娱乐。俞伯

牙看见远处的高山，弹出的乐曲随即变得雄壮起来。钟子期喝彩道："高峻得像泰山一样。"俞伯牙又变了个调子，琴声宏大壮阔。钟子期又喝彩道："浩荡得像江河一样！"这就是"高山流水"故事的来历。

趣味游戏

第一关：写出与下列成语有关的历史人物。

(1) 政通人和——（　　　　）

(2) 鸿鹄之志——（　　　　）

(3) 讳疾忌医——（　　　　）

(4) 温故知新——（　　　　）

第二关：补齐下面的括号，你会收获很多成语知识。

（　）春白（　）　　　惊（　）（　）鸟

一（　）（　）白　　　一（　）（　）惊

万（　）（　）一　　　一（　）万（　）

游戏解答

第一关答案：

（1）政通人和——（范仲淹）

（2）鸿鹄之志——（陈胜）

（3）讳疾忌医——（蔡桓公）

（4）温故知新——（孔子）

第二关答案：

（阳）春白（雪）　　　惊（弓）（之）鸟

一（清）（二）白　　　一（座）（皆）惊

万（里）（挑）一　　　一（本）万（利）

xīn kǒu bù yī　　yì míng jīng rén
心 口 不 一　　一 鸣 惊 人

rén miàn táo huā　　huā yán qiǎo yǔ
人 面 桃 花　　花 言 巧 语

yǔ zhòng xīn cháng　　cháng mìng fù guì
语 重 心 长　　长 命 富 贵

guì rén duō wàng shì　　shì zài rén wéi
贵 人 多 忘 事　　事 在 人 为

wěi guò yú rén　　rén yì zhī shī
诿 过 于 人　　仁 义 之 师

成语释义

心口不一：心里想的和嘴上说的不一样。形容人的虚
　　　　　伪、诡诈。

一鸣惊人：比喻平日没有突出表现，一下子做出
　　　　　惊人的业绩。

人面桃花：表示所爱慕而不能再相见的
　　　　　女子以及由此而产
　　　　　生的怅惘心情。或
　　　　　指事已过去，不可
　　　　　复得。

花言巧语：原指铺张修饰、内容空泛的言语或文辞。后多指用来骗人的虚伪动听的话。

语重心长：言语深刻有力，情意深长。

长命富贵：既长寿又富裕显贵。

贵人多忘事：高贵者往往善忘。原指高官态度傲慢，不念旧交，后用于讽刺人健忘。

事在人为：事情要靠人去做。指在一定的条件下，事情能否做成，要看人的主观努力如何。

诿过于人：把过错推给别人。

仁义之师：为伸张正义而组成的军队。

故事链接

一鸣惊人

qí wēi wáng zhí zhèng zhī chū　　bù lǐ guó shì　　zhǐ chén
齐 威 王 执 政 之 初，不 理 国 事，只 沉

mí yú yǐn jiǔ zuò lè　　zhū hóu guó chéng jǐ dōu lái qīn fàn　　guó
迷 于 饮 酒 作 乐。诸 侯 国 乘 机 都 来 侵 犯，国

jiā wēi zài dàn xī　　ér dà chén men yòu bù gǎn quàn jiàn　　yì
家 危 在 旦 夕，而 大 臣 们 又 不 敢 劝 谏。一

tiān　　yí gè jiào chún yú kūn de rén lái jiàn qí wēi wáng
天，一 个 叫 淳 于 髡 的 人 来 见 齐 威 王，

根本停不下来的成语接龙

shuō wáng gōng yuàn li yǒu
说："王宫院里有
yì zhī dà niǎor sān nián bù
一只大鸟儿，三年不
fēi bú jiào zhè shì shén me niǎor
飞不叫，这是什么鸟
ya qí wēi wáng míng bai
儿呀？"齐威王明白
tā de yì si jiù shuō
他的意思，就说："
zhè niǎor bù fēi zé yǐ yì
这鸟儿不飞则已，一
fēi chōng tiān bù míng zé yǐ yì míng jīng rén cóng
飞冲天；不鸣则已，一鸣惊人。"从
cǐ qí wēi wáng zhěng dùn guó zhèng dài bīng fá dí shēng
此，齐威王整顿国政，带兵伐敌，声
wēi sì hǎi jiē zhī cóng cǐ qí guó guó tài mín ān
威四海皆知。从此，齐国国泰民安。

趣味游戏

第一关：小小成语接龙，请填填看。

睹（　）（　）人　人（　）（　）海
海（　）（　）针　针（　）（　）对
对（　）（　）歌　歌（　）（　）平

第二关：大龙护小龙。

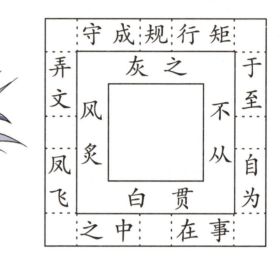

```
    守 成 规 行 矩
弄           灰  之    于
文    风              不  至
凤    炙              从  自
飞                       为
         白  贯
   之 中       在 事
```

游戏解答

第一关答案：

睹（物）（思）人
人（山）（人）海
海（底）（捞）针
针（锋）（相）对
对（酒）（当）歌
歌（舞）（升）平

第二关答案：

```
墨  守 成 规 行 矩  止
弄  吹     灰  之  力  于
文  风              不  至 善
舞  炙              从  自
凤                  心  为
飞  日  白  贯
龙  之 中  人 在 事  谋
```

dōng shān zài qǐ 东山再起	qǐ sǐ huí shēng 起死回生
shēng lóng huó hǔ 生龙活虎	hǔ jù lóng pán 虎踞龙盘
pán gēn cuò jié 盘根错节	jié wài shēng zhī 节外生枝
zhī yè fú shū 枝叶扶疏	shū bú jiàn qīn 疏不间亲
qīn mì wú jiàn 亲密无间	jiàn duō shí guǎng 见多识广

成语释义

东山再起：比喻去职后再度任职或失势后再度得势。

起死回生：使人复活，多形容医术或技术高明。也比喻把处于毁灭境地的事物挽救过来。

生龙活虎：比喻富有生气，充满活力。

虎踞龙盘：像猛虎一样蹲着，像龙一样盘着。形容地势险要。

盘根错节：指根部弯曲盘绕，枝节错综交错。比喻事情或

关系繁杂。

节外生枝：枝节上又生出枝节。比喻在原有问题上出现新的问题。

枝叶扶疏：枝叶繁茂四布，高下疏密有致。形容树木茂盛。扶疏：繁茂的样子。

疏不间亲：关系疏远的人不离间关系亲近的人。

亲密无间：形容极为亲密，没有丝毫隔阂。间：缝隙。

见多识广：见过的多，知道的广。形容阅历深，经验丰富。

故事链接

东山再起

dōng jìn shí de xiè ān　　suī rán hěn yǒu cái huá　　dàn wú
东晋时的谢安，虽然很有才华，但无

yì zuò guān　　hòu lái　　xiè ān de dì di xiè wàn bèi bà
意做官。后来，谢安的弟弟谢万被罢

guān　　xiè ān wèi le wǎn huí xiè jiā rì qū shuāi luò de dì wèi hé
官，谢安为了挽回谢家日趋衰落的地位和

míng shēng　jiē shòu le sī mǎ yì zhí
名声，接受了司马一职。

zài tā yào shàng rèn de nà tiān　yǒu
在他要上任的那天，有

gè jiào gāo sōng de guān yuán hé tā kāi wán
个叫高崧的官员和他开玩

xiào shuō　nǐ guò qù duō cì wéi bèi cháo
笑说："你过去多次违背朝

tíng zhǐ yì　bù kěn chū lái zuò guān　jīn
廷旨意，不肯出来做官。今

tiān nǐ dào dǐ dōng shān zài qǐ le
天你到底东山再起了。"

盘根错节

dōng hàn shí　chén guó wǔ píng　jīn hé nán lù yì xī
东汉时，陈国武平（今河南鹿邑西

běi　yǒu gè míng jiào yú xǔ de guān lì　xiān hòu dān rèn guo
北）有个名叫虞诩的官吏，先后担任过

xǔ duō zhí wù　tā gǎn yú zhí yán　bú wèi quán shì　céng
许多职务。他敢于直言，不畏权势，曾

yīn chù fàn quán guì jiǔ shòu qiǎn zé　sān zāo xíng fá
因触犯权贵九受谴责、三遭刑罚。

gōng yuán　nián　qiāng rén yǔ xiōng nú rén fēn bié cóng
公元110年，羌人与匈奴人分别从

根本停不下来的成语接龙

xī fāng hé běi fāng rù qīn
西方和北方入侵
dōng hàn wáng cháo　hàn
东汉王朝。汉
ān dì zhào jí zhòng rén
安帝召集众人
shāng yì tuì bīng liáng
商议退兵良
cè　dà jiāng jūn dèng zhì zhǔ zhāng fàng qì xī miàn　jí zhōng
策。大将军邓骘主张放弃西面，集中
bīng lì yìng fù běi fāng xiōng nú　zhè ge zhǔ zhāng dé dào le duō
兵力应付北方匈奴。这个主张得到了多
shù dà chén de zàn tóng　dāng shí yú xǔ de zhí wèi jiào dī
数大臣的赞同。当时虞诩的职位较低，
dàn tā lì pái zhòng yì　rèn wéi zhè yàng zuò jiāng huì dài lái bù
但他力排众议，认为这样做将会带来不
kě shōu shí de hòu guǒ　dèng zhì jiàn yǒu rén jìng gǎn zài dà tíng
可收拾的后果。邓骘见有人竟敢在大庭
guǎng zhòng zhī xià gōng kāi fǎn duì zì jǐ de zhǔ zhāng　hěn shì
广众之下公开反对自己的主张，很是
nǎo huǒ　àn zhōng jì xià le yú xǔ de míng zi　zhǔn bèi zhǎo
恼火，暗中记下了虞诩的名字，准备找
jī huì bào fù tā
机会报复他。
bù jiǔ　cháo gē yí dài fā shēng dòng luàn　lǎo bǎi xìng
不久，朝歌一带发生动乱，老百姓

起来造反，局面越来越糟糕。邓骘认为整治虞诩的机会来了，便建议派虞诩去朝歌当县令。明眼人一听就知道邓骘的用心，虞诩的朋友也十分为他担心，怕他去了之后遭到不测。可是虞诩并不在

乎，他坦然说道："有志气的人不求容易的事做，更不该回避困难，这是为人臣者应该具备的品质。不遇到盘结的树根、交错的竹节（盘根错节），怎么能识别出刀斧的利钝呢？"他毅然赴朝歌上任，很快平息了动乱，得到了汉安帝的信任与嘉奖。后来，他又带兵打退了羌人的入侵，为东汉王朝立下汗马功劳。

趣味游戏

第一关：补成语。完成后，看看这些成语形容的是哪些人。

（1）入（　）三（　）

（2）初（　）茅（　）

（3）才过（　）（　）

第二关：填成语，学古诗。

	间	一	壶	
好		无		肉
月				朋
	发	有		友

独	酌	无	相	亲
	古		安	
匠		无		手
心	今		事	足

举	杯	邀	明	月
	盘	功	镜	
投		求		星
足	藉		悬	稀

对	影	成	三	人
答	影		心	才
如		之		辈
	绰	美	意	

游戏解答

第一关答案：

（1）入（木）三（分）王羲之（晋代大书法家）

（2）初（出）茅（庐）诸葛亮（三国时期蜀国的政治家）

（3）才过（屈）（宋）屈原、宋玉（战国时楚国文学家）

第二关答案：

花	间	一	壶	酒
好	不	无	中	肉
月	容	所	日	朋
圆	发	有	月	友

独	酌	无	相	亲
具	古	边	安	如
匠	御	无	无	手
心	今	际	事	足

举	杯	邀	明	月
手	盘	功	镜	明
投	狼	求	高	星
足	藉	赏	悬	稀

对	影	成	三	人
答	影	人	心	才
如	绰	之	二	辈
流	绰	美	意	出

shā jī qǔ luǎn	luǎn yǔ shí dòu
杀鸡取卵	卵与石斗
dòu zhì áng yáng	yáng méi tǔ qì
斗志昂扬	扬眉吐气
qì tūn shān hé	hé qīng hǎi yàn
气吞山河	河清海晏
yàn zú chuán shū	shū bú shì shǒu
雁足传书	书不释手
shǒu wǔ zú dǎo	dǎo cháng xí gù
手舞足蹈	蹈常习故

成语释义

杀鸡取卵：比喻只顾眼前的好处而损害长久的、根本的利益。

卵与石斗：蛋和石头斗。比喻不自量力，自取灭亡。

斗志昂扬：指斗争的意志非常旺盛。

扬眉吐气：形容长期受压抑的心情获得舒展后轻松的样子。

气吞山河：气势很大，可吞掉高山大河。形容气魄很大。

河清海晏：黄河的水清了，大海没有波浪了。比喻天下太平。

雁足传书：指候鸟能传送书信。
书不释手：手里的书舍不得放下来。形容勤学或看书入迷。
手舞足蹈：形容心情极度兴奋，用动作来表达高兴的状态。
蹈常习故：指按照老规矩和老办法办事。

故事链接

杀鸡取卵

cóng qián　　yǒu yí gè rén shēng huó hěn pín kùn　　què zǒng
从前，有一个人生活很贫困，却总
xiǎng bù láo ér huò　　tā yǎng le yì zhī lǎo mǔ jī　　jiù kào
想不劳而获。他养了一只老母鸡，就靠
mài jī dàn shēng huó　　dàn shì　　mǔ jī měi tiān zhǐ xià yí gè
卖鸡蛋生活。但是，母鸡每天只下一个

dàn　　shí tiān bā tiān cái
蛋，十天八天才
néng mài yí cì jī
能卖一次鸡
dàn　　qián lái de tài
蛋，钱来得太
màn le　　zhè ge rén
慢了，这个人
xīn jí rú fén　　yīn
心急如焚。因

此，他就天天冥思苦想，甚至做梦的时候都在想怎样才能发财。

有一天，他家的母鸡突然下了一个金蛋，这下可把他高兴坏了。消息传得很快，左邻右舍的人知道了，都跑过来看金蛋，羡慕得不得了。

过后，这人想：鸡肚子里一定还有许多金蛋，我应该马上把它们都找出来。想到这里，他马上找来一把刀，把母鸡杀了。他剖开鸡肚子后，发现根本没有什么金蛋。他又把鸡的五脏都找了个遍，别说是金蛋了，就是普通的鸡蛋也没有一个。

<ruby>他<rt>tā</rt></ruby> <ruby>失<rt>shī</rt></ruby> <ruby>望<rt>wàng</rt></ruby> <ruby>极<rt>jí</rt></ruby> <ruby>了<rt>le</rt></ruby>，<ruby>一<rt>yí</rt></ruby> <ruby>下<rt>xià</rt></ruby> <ruby>子<rt>zi</rt></ruby> <ruby>瘫<rt>tān</rt></ruby> <ruby>坐<rt>zuò</rt></ruby> <ruby>在<rt>zài</rt></ruby> <ruby>地<rt>dì</rt></ruby> <ruby>上<rt>shang</rt></ruby>，

他失望极了，一下子瘫坐在地上，

zài yě qǐ bu lái le   zuǐ li bù tíng de dū nang zhe
再也起不来了，嘴里不停地嘟囔着："

zhè xià quán wán le   lián huì xià dàn de jī yě méi le   yǐ hòu
这下全完了，连会下蛋的鸡也没了，以后

kě zěn me bàn a
可怎么办啊！"

趣味游戏

第一关：把下面的成语补全。

三（　）两（　）　　三（　）二（　）

三（　）四（　）　　三（　）五（　）

三（　）六（　）　　三（　）九（　）

第二关：下面给出了成语的上半部
分，请把下半部分补全。

（1）千里之行，（　　　　　　）

（2）一言既出，（　　　　　　）

（3）近朱者赤，（　　　　　　）

（4）知无不言，（　　　　　　）

游戏解答

第一关答案：

三（长）两（短）

三（心）二（意）

三（从）四（德）

三（令）五（申）

三（头）六（臂）

三（教）九（流）

第二关答案：

(1) 千里之行，（始于足下）

(2) 一言既出，（驷马难追）

(3) 近朱者赤，（近墨者黑）

(4) 知无不言，（言无不尽）

根本停不下来的成语接龙

wò xīn cháng dǎn **卧薪尝胆**	dǎn dà bāo tiān **胆大包天**
tiān xià dì yī **天下第一**	yí bù dēng tiān **一步登天**
tiān mò liáng fēng **天末凉风**	fēng qù héng shēng **风趣横生**
shēng cái yǒu dào **生财有道**	dào jìn tú qióng **道尽途穷**
qióng shān è shuǐ **穷山恶水**	shuǐ shēn huǒ rè **水深火热**

成语释义

卧薪尝胆：睡在柴草上，吃饭睡觉都尝一尝苦胆。形容人刻苦自励，发愤图强。

胆大包天：形容胆子极大。

天下第一：形容没有人能比得上。

一步登天：比喻一下子就达到很高的境界或程度。

天末凉风：原指杜甫因秋风起而想到流放在天末的挚友李白。后常比喻触景生情，思念故人。

风趣横生：形容十分幽默、诙谐。

生财有道：原指生财有个大原则，后指赚钱
很有办法。

道尽途穷：走到路的尽头。形容无路可走，
面临末日。

穷山恶水：形容自然条件非常差。

水深火热：比喻极其艰难困苦的处境。

卧薪尝胆

春秋时期，越国被吴国打败，越王勾践夫妇入吴为奴，百依百顺，忍饥挨冻。三年后，吴王终于答应放他们回国。回到越国后，勾践迁都会稽，励精图治，用最快的速度复兴国家。为了牢记亡国之痛，他撤下锦绣被，铺上柴草，

chī fàn qián xiān cháng yì kǒu xuán zài
吃饭前先尝一口悬在
chuáng tóu de kǔ dǎn yǐ jī lì
床头的苦胆，以激励
zì jǐ bú wàng wáng guó zhī chǐ
自己不忘亡国之耻。
gōu jiàn jūn chén tóng xīn nǔ lì fā
勾践君臣同心努力，发
fèn tú qiáng guó lì zhēng zhēng
愤图强，国力蒸蒸
rì shàng ér cǐ shí de wú guó què yì tiān tiān zǒu xiàng shuāi
日上。而此时的吴国却一天天走向衰
bài jīng guò le jìn shí nián de nài xīn děng dài gōu jiàn chèn
败。经过了近十年的耐心等待，勾践趁
wú wáng fā bīng běi zhēng zhī jī fā dòng le fù chóu zhàn
吴王发兵北征之机，发动了复仇战
zhēng xiāo miè le wú guó yì xuě qián chǐ
争，消灭了吴国，一雪前耻。

趣味游戏

第一关：补字组成语。

金（　）玉（　）　金（　）铁（　）

铁（　）铜（　）　土（　）瓦（　）

第二关：把下面的成语补全。

（　）到（　）成

五（　）四（　）

翻（　）倒（　）

（　）南（　）北

游戏解答

第一关答案：

金（枝）玉（叶）

金（戈）铁（马）

铁（壁）铜（墙）

土（崩）瓦（解）

第二关答案：

（水）到（渠）成

五（湖）四（海）

翻（江）倒（海）

（山）南（海）北

根本停不下来的成语接龙

xiāng huǒ yīn yuán	yuán mù qiú yú
香火因缘	缘木求鱼
yú lóng hùn zá	zá qī zá bā
鱼龙混杂	杂七杂八
bā miàn wēi fēng	fēng tiáo yǔ shùn
八面威风	风调雨顺
shùn shǒu qiān yáng	yáng cháng xiǎo dào
顺手牵羊	羊肠小道
dào tīng tú shuō	shuō cháng dào duǎn
道听途说	说长道短

成语释义

香火因缘：古人设盟时多点香火，佛家因称彼此意气契合
　　　　　为"香火因缘"，表示前世已结盟好。

缘木求鱼：比喻做事方向、方法不对，是绝不会达到目的的。

鱼龙混杂：比喻各种各样的人混在一起，难以区分出好与
　　　　　坏来。

杂七杂八：形容事情非常乱，或把很多
　　　　　的东西放在了一起。

八面威风：形容神气十足的样子。

风调雨顺：一般指风雨都能适合农业

生产的需要，形容年景极好。

顺手牵羊：指顺手把别人的羊牵走。比喻顺便拿走别人的
东西。

羊肠小道：形容曲折狭窄的小路。

道听途说：指在路上听来，又在路上传说。泛指传闻无根
据的话。

说长道短：指随便谈论别人的是非好坏。

故事链接

缘木求鱼

mèng zǐ céng zuò guo qí
孟子曾做过齐

xuān wáng de kè qīng yǒu
宣王的客卿。有

yí cì mèng zǐ wèn qí
一次，孟子问齐

xuān wáng dà wáng wèi
宣王："大王为

shén me zǒng shì dòng yuán quán guó de jūn duì gōng dǎ qí tā guó
什么总是动员全国的军队攻打其他国

jiā ne qí xuān wáng shuō zhè me zuò bú guò shì
家呢？"齐宣王说："这么做，不过是

为了满足我最大的欲望罢了。""那大王最大的欲望到底是什么呢？"孟子问。齐宣王笑了笑，没有回答。孟子仍不断地追问，才了解到齐宣王最大的欲望是以武力征服天下。孟子说："如果用您的方法去满足您的欲望，就好比爬到树上去捉鱼一样，那肯定是徒劳无功的。"

根本停不下来的成语接龙

趣味游戏

第一关：填成语找诗人，看看他们是哪位诗人。

（　）下（　）田　　　　一（　）二（　）（　）
（　）安（　）危　　　　（　）如（　）掌（　）
（　）绝（　）患　　　　（　）豕（　）经（　）
（　）怪（　）离　　　　（　）山（　）水（　）
（　）子（　）孙　　　　（　）落（　）出（　）

第二关：巧填成语。

安		眼	
分	弄	花	贼
守	眉	缭	臣
	挤		乱

根本停不下来的成语接龙

游戏解答

第一关答案：

(李)下(瓜)田　　　一(清)二(白)　　　(李　白)

(居)安(思)危　　　(易)如(反)掌　　　(白居易)

(杜)绝(后)患　　　(牧)豕(听)经　　　(杜　牧)

(光)怪(陆)离　　　(游)山(玩)水　　　(陆　游)

(公)子(王)孙　　　(水)落(石)出　　　(王安石)

第二关答案：

安	眼	眼	子
分	弄	花	贼
守	眉	缭	臣
己	挤	乱	乱

dì dà wù bó　地大物博　　bó xué duō wén　博学多闻

wén guò zé xǐ　闻过则喜　　xǐ chū wàng wài　喜出望外

wài yú nèi zhì　外愚内智　　zhì xiǎo yán dà　智小言大

dà zhì ruò yú　大智若愚　　yú gōng yí shān　愚公移山

shān yáo dì dòng　山摇地动　　dòng xīn rěn xìng　动心忍性

成语释义

地大物博：指国家疆土辽阔，资源丰富。
　　　　　博：丰富。
博学多闻：学识广博，见闻丰富。
闻过则喜：听到别人批评自己的缺点或错
　　　　　误很高兴。指虚心接受意见。
　　　　　过：过失。则：就。
喜出望外：形容意外好事突然出现时的欢
　　　　　乐。喜：喜悦。望外：在希望
　　　　　或意料之外。

外愚内智：外貌看似愚昧而内心实
多智慧。

智小言大：聪明才智不济，说起话
来口气却很大。

大智若愚：某些才智出众的人，看
起来好像很愚笨。形容真正聪明的人在表面上
反而好像很愚笨。

愚公移山：比喻做事有顽强的毅力和坚定的精神。

山摇地动：山和地都在摇动。形容声势或力量的强大。

动心忍性：指人的意志和性格受到磨炼。

故事链接

愚公移山

cóng qián zài tài háng hé wáng wū liǎng zuò dà shān de
从前，在太行和王屋两座大山的

hòu miàn zhù zhe yí wèi suì de lǎo rén míng jiào yú
后面，住着一位90岁的老人，名叫愚

gōng zhè liǎng zuò dà shān zǔ ài le yú gōng yì jiā rén de chū
公。这两座大山阻碍了愚公一家人的出

xíng yì tiān yú gōng hé quán jiā rén shāng liang shuō
行。一天，愚公和全家人商量说："

wǒ men bǎ zhè liǎng zuò shān chǎn píng kāi chū yì tiáo dà lù
我们把这两座山铲平，开出一条大路

来，怎么样？"全家人听了都说好。这件事情被一个叫智叟的老人知道

了，他劝愚公说："你都一大把年纪了，还能搬运多少石头？"愚公回答道："我挖不了，还有儿子；儿子挖不了，还有孙子……子子孙孙无穷无尽，怎么会挖不平呢？"他的话感动了上天。于是，上天就派了两个天神把山搬走了。

智慧魔方大挑战

根本停不下来的成语接龙

第一关：补全下面成语，看看结果是什么。

（　）好先生

（　）自为知

（　）步邯郸

（　）以为常

（　）长地久

（　）昏地暗

（　）隅而泣

（　）下一心

第二关：填空组成语，并连成城市名称。

坐井观（　），（　）津有味
　　　　（　）

同舟共（　），（　）征北战
　　　　（　）

扶摇直（　），（　）市蜃楼
　　　　（　）

源远流（　），（　）风得意
　　　　（　）

根本停不下来的成语接龙

游戏解答

第一关答案：

(好) 好先生　　　(天) 长地久

(好) 自为知　　　(天) 昏地暗

(学) 步邯郸　　　(向) 隅而泣

(习) 以为常　　　(上) 下一心

第二关答案：

坐井观 (天)，(津) 津有味
　　　　　(天　津)

同舟共 (济)，(南) 征北战
　　　　　(济　南)

扶摇直 (上)，(海) 市蜃楼
　　　　　(上　海)

源远流 (长)，(春) 风得意
　　　　　(长　春)

根本停不下来的成语接龙

jì wú suǒ chū	chū móu huà cè
计无所出	出谋划策
cè mù ér shì	shì bù kě dāng
侧目而视	势不可当
dāng rén bú ràng	ràng zǎo tuī lí
当仁不让	让枣推梨
lí xīn lí dé	dé guò qiě guò
离心离德	得过且过
guò jiē lǎo shǔ	shǔ yá què jiǎo
过街老鼠	鼠牙雀角

成语释义

计无所出：想不出什么好办法或好方法。计：计策，办法。

出谋划策：制定计谋策略。常指为人出主意。

侧目而视：斜着眼睛看人。形容憎恨或又怕又愤恨。侧：斜着。

势不可当：形容来势十分迅猛，不能抵挡。当：抵挡。

当仁不让：遇到应该做的事就积极主动去做，不推让。

让枣推梨：推让枣或梨。比喻兄弟友爱。

离心离德：思想不统一，信念也不

一致。

得过且过：只要能过得去，就这样过下去。指能过一天就算一天。

过街老鼠：比喻人人痛恨、厌恶的人。

鼠牙雀角：因强暴侵扰所引起的争端。后比喻打官司的事。

得过且过

相传，在我国山西五台山有一种鸟叫寒号鸟。一到夏天，它的毛就长得特别漂亮。每到这个时候，它总是伸展着翅膀说："我最美丽，我最美丽。"它也不做窝，也不搭巢，只是在那里唱啊跳啊。到了冬天，它的羽毛也落光了，外表也不美了。它没有窝可以取暖，只好

suō zài dà shí fèng zhōng jiān fā dǒu
缩在大石缝中间发抖。

yí dào zhè ge shí hou　hán hào niǎo jiù
一到这个时候，寒号鸟就

xiǎng　　　　wǒ míng tiān yí dìng
想："我明天一定

dā wō　　　hán lěng de hēi yè
搭窝。"寒冷的黑夜

zhōng yú guò qù le　　tài yáng
终于过去了，太阳

yòu chū lái le　tā yòu zì wǒ ān wèi de jiào dào　　　dé guò
又出来了，它又自我安慰地叫道："得过

qiě guò　　dé guò qiě guò　　jiù zhè yàng　　hán hào niǎo jiāng
且过，得过且过。"就这样，寒号鸟将

jiu de guò le yì tiān yòu yì tiān　zhōng yú yǒu yì tiān　kě lián
就地过了一天又一天。终于有一天，可怜

de hán hào niǎo bèi dòng sǐ zài le shí fèng zhōng
的寒号鸟被冻死在了石缝中。

趣味游戏

第一关：把下面的成语补全。

大（　）大（　）　　大（　）大（　）

大（　）大（　）　　大（　）大（　）

大（　）大（　）　　大（　）大（　）

第二关:回龙阵。

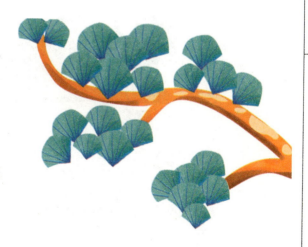

面 春 ｜ 调 雨
二 平 ｜ 貌 双 ｜ 口 谈
　 ｜ 其 ｜ ｜ 无 心
连 二 ｜ 尽 ｜ ｜ 不 绝
　 ｜ 照 胆 ｜
相 兵 ｜ 志 穷

游戏解答

第一关答案:

大（手）大（脚）

大（是）大（非）

大（包）大（揽）

大（摇）大（摆）

大（彻）大（悟）

大（吹）大（擂）

根本停不下来的成语接龙

第二关答案：

满	面	春	风	调	雨	顺
二	才	貌	双	全		口
平	其			无		谈
三	尽			心		天
连	人	照	胆	肝		不
二						绝
接	相	兵	短	志	穷	人

huī hàn chéng yǔ
挥汗成雨

yǔ hòu chūn sǔn
雨后春笋

sǔn rén lì jǐ
损人利己

jǐ jǐ yī táng
济济一堂

táng táng zhèng zhèng
堂堂正正

zhèng jīn wēi zuò
正襟危坐

zuò chī shān kōng
坐吃山空

kōng xué lái fēng
空穴来风

fēng chuī cǎo dòng
风吹草动

dòng zhé dé jiù
动辄得咎

成语释义

挥汗成雨：用手抹汗，汗洒下去就跟下雨一样。原形容人多。现也形容因天热或劳动而出汗多。

雨后春笋：指春天下雨后，竹笋一下子就长出来很多。比喻新生事物在很短的时间里大量地涌现出来。

损人利己：损害别人，使自己得到好处。

济济一堂：形容很多有才能的人聚集在一起。

堂堂正正：原指军容盛大。现也形容光明正大。也形容身材威武，仪表出众。

正襟危坐：整一整衣服，端正地坐着。形容严肃或拘谨的样子。襟：衣襟。危坐：端正地坐着。

坐吃山空：形容只消费而不从事生产，即使有堆积如山的财富也要耗尽。

空穴来风：比喻消息和谣言的传播不是完全没有原因的。穴：孔、洞。来：招致。

风吹草动：比喻轻微的动静或动荡、变故。

动辄得咎：动一动就受到责难。辄：就。咎：责备。

故事链接

风吹草动

春秋时期，楚平王杀害了伍奢和其长子伍尚之后，又下令追捕他的二儿子伍员（即伍子胥）。伍员得到消息之后，乔装改扮，准备逃到吴国去。在昭关，他一夜间急白了头发和胡须。最后，他在好友东皋公的帮助下混出昭关。

chū le zhāo guān lái dào yì tiáo dà hé biān　　wèi le fáng bèi zhuī
出了昭关来到一条大河边，为了防备追
bīng　　tā bái tiān bù gǎn xíng zǒu　　yě bù gǎn jìn cūn zhuāng zhǎo
兵，他白天不敢行走，也不敢进村庄找
chī de　　tā zài lú wěi cóng zhōng cáng le qǐ lái　　dàn shì xīn
吃的。他在芦苇丛中藏了起来，但是心
zhōng què shí fēn jǐn zhāng　　yí kàn dào bèi fēng chuī dòng de lú
中却十分紧张，一看到被风吹动的芦
wěi　　jiù dān xīn shì zhuī bīng lái le　　wǔ yuán kàn jian yì zhī yú
苇，就担心是追兵来了。伍员看见一只渔
chuán cóng yuǎn chù huá le guò lái　　lián máng qǐng yú wēng dù zì
船从远处划了过来，连忙请渔翁渡自
jǐ guò hé　　yú wēng liǎo jiě le wǔ yuán de shēn shì zhī hòu shí
己过河。渔翁了解了伍员的身世之后十
fēn tóng qíng tā　　bù jǐn bāng tā guò hé　　hái ná lái fàn cài
分同情他，不仅帮他过河，还拿来饭菜
ràng tā chōng jǐ　　hòu rén wèi cǐ xiě le yì piān wén zhāng
让他充饥。后人为此写了一篇文章，
xíng róng wǔ yuán táo wáng de qíng xing shì　　fēng chuī cǎo dòng
形容伍员逃亡的情形是"风吹草动，
jí biàn cáng xíng
即便藏形"。

趣味游戏

第一关：顺着诗句补全成语，看一看诗句出自哪首诗。

(1) 等闲识得东风面，万（　）千（　）总是春。
　　　　　　　　　　　　　　——（　　　　　）
(2) 红军不怕远征难，万（　）千（　）只等闲。
　　　　　　　　　　　　　　——（　　　　　）

第二关：把下面的歇后语补全。
八十岁老太太打哈欠　　　　——（　　　　　）
鸡给黄鼠狼拜年　　　　　　——（　　　　　）
癞蛤蟆想吃天鹅肉　　　　　——（　　　　　）
搭在弦上的箭　　　　　　　——（　　　　　）
剃头捉虱子　　　　　　　　——（　　　　　）

游戏解答

第一关答案：
(1) 万（紫）千（红）　——（《春日》）
(2) 万（水）千（山）　——（《七律·长征》）

第二关答案：
八十岁老太太打哈欠　　　　——（一望无涯［牙］）
鸡给黄鼠狼拜年　　　　　　——（自投罗网）
癞蛤蟆想吃天鹅肉　　　　　——（异想天开）
搭在弦上的箭　　　　　　　——（一触即发）
剃头捉虱子　　　　　　　　——（一举两得）

làn yú chōng shù	shù dà zhāo fēng
滥竽充数	树大招风
fēng chuī yǔ dǎ	dǎ bào bù píng
风吹雨打	打抱不平
píng bù qīng yún	yún dàn fēng qīng
平步青云	云淡风轻
qīng shēng zhòng yì	yì wú fǎn gù
轻生重义	义无反顾
gù xiǎo shī dà	dà jīng xiǎo guài
顾小失大	大惊小怪

成语释义

滥竽充数：不会吹竽的人混在吹竽的
　　　　　队伍里充数。比喻没有本
　　　　　领的冒充有本领，次货冒充好货。

树大招风：比喻人出了名或有了钱财就容易惹人注意，引
　　　　　起麻烦。

风吹雨打：原指花木遭受风雨摧残。比喻恶势力对弱小者
　　　　　的迫害。也比喻严峻的考验。

打抱不平：遇见不公平的事，挺身而出，帮助受欺负的一方。

平步青云：指人一下子升到很高的地位上去。

云淡风轻：微风轻拂，浮云淡薄。形容天气晴好。

轻生重义：指轻视生命而重视道义。

义无反顾：从道义上只有勇往直前，不能犹豫回顾。义：道义。反顾：向后看。

顾小失大：因贪图小利而损失大利。

大惊小怪：形容对没有什么了不起的事情过分惊讶。

滥竽充数

zhàn guó shí qī qí xuān
战国时期，齐宣

wáng xǐ huan tīng chuī yú yú shì
王喜欢听吹竽，于是

pài rén dào chù xún zhǎo néng chuī shàn
派人到处寻找能吹善

zòu de yuè gōng zǔ jiàn yuè duì
奏的乐工，组建乐队。

yǒu gè jiào nán guō de rén
有个叫南郭的人，

zhěng tiān yóu shǒu hào xián tā zài
整天游手好闲。他在

tīng shuō qí xuān wáng yǒu zhè ge shì
听说齐宣王有这个嗜

好后，设法见到了齐宣王，吹嘘自己是个很了不起的乐师，于是南郭被编入了吹竽的乐师班里。

　　每当乐队吹奏的时候，南郭就学着别的乐工的样子，摇头晃脑，装模作样地吹，其实并没有发出声音。就这样过了几年，谁也没有发现南郭并不会吹竽。

　　后来齐宣王死了，他的儿子齐湣王继位。齐湣王喜欢听乐师一个一个单独吹给他听，不喜欢合奏。南郭听到这个消息后，吓得灰溜溜地跑了，再也不敢"滥竽充数"了。

平步青云

范雎是魏国人，字叔。家中贫寒，初时，在魏大夫须贾手下做事。

须贾出使齐国，范雎跟随。他们在齐国滞留了几个月，但未能完成使命。而范雎却得到了齐襄王的赏赐，须贾认为范雎泄露了魏国的秘密。回国以后，须贾内心怨恨范雎，便把这件事告诉了魏国的宰相魏齐。魏齐十分生气，让家臣拷打范雎。范雎装死，魏齐就叫人用草席把他卷起来，扔在厕所里。

范雎对看守的人说："你若能救我出

去，我一定重重地答谢你。"看守的人就去请求魏齐把草席里的死人扔到外面去。魏齐说："可以。"范雎得以脱身。

后来魏齐反悔，又派人寻找范雎。魏国人郑安平听说了这件事，就帮着范雎逃跑，把他隐藏起来，范雎从此改名为张禄。

后来，范雎辗转来到秦国，并逐渐

得到秦王的器重，当了秦国的宰相。

魏国听说秦国将向东攻伐韩国、魏国，就派须贾出使秦国。

范雎听说后，穿着破衣，去见须贾。须贾见到他十分惊奇，问："你是来游说秦王的吗？"范雎说："不是。我以前得罪了魏国的宰相，所以逃亡到这里，怎敢来游说呢。"须贾说："现在你做什么？"范雎说："我做人家的佣工。"须贾可怜他，就留他跟自己一起用饭，看到范雎衣衫单薄，就拿出自己的一件厚绸袍子来送给他。

须贾问道："你是否认识秦国宰相

根本停不下来的成语接龙

zhāng lù　　wǒ cǐ xíng de chéng bài dōu zài yú tā le
张禄？我此行的成败都在于他了。"

fàn jū shuō　　　wǒ de zhǔ rén yǔ tā xiāng shú　jiù shì
范雎说："我的主人与他相熟。就是

wǒ　yǒu shí yě nénggòujiàndào tā　wǒyuàn yì tì nǐ yǐnjiàn
我，有时也能够见到他，我愿意替你引荐。"

fàn jū qīn zì tì xū gǔ jià chē　　yì tóng qián wǎng qín
范雎亲自替须贾驾车，一同前往秦

guó xiàng fǔ　xiàng fǔ li de rén jiàn le fàn jū dōu hěn gōng
国相府。相府里的人见了范雎都很恭

jìng　　zhè ràng xū gǔ jué de hěn qí guài
敬，这让须贾觉得很奇怪。

fàn jū bǎ mǎ chē tíng zài mén kǒu　　duì xū gǔ shuō
范雎把马车停在门口，对须贾说：

nǐ děng zhe wǒ　　wǒ tì nǐ jìn qù xiàng zǎi
"你等着我，我替你进去向宰

xiàng tōng bào
相通报。"

xū gǔ zài mén kǒu děng le hěn
须贾在门口等了很

jiǔ　　réng bú jiàn fàn jū huí lái
久，仍不见范雎回来，

biàn wèn kān mén de rén　　shuō
便问看门的人，说："

fàn jū zěn me hái bù chū lái ne
范雎怎么还不出来呢？"

看门的人说："这里没有范雎。"

须贾说："就是刚才同我一道坐车进来的那个人。"

看门的人说："那是我们的宰相。"

须贾大吃一惊，自知难逃责罚，便跪着去见范雎，说："我没料到您靠自己的能力，平步青云，如今做到了宰相的职位。我犯了死罪，请把我送走吧，我再也不参与各国的事了，如今我的生死全在您的手上了。"

趣味游戏

第一关：小小成语接龙，请填填看。

萍（　）（　）逢　逢（　）（　）吉　吉（　）（　）相

相（　）（　）事　事（　）（　）倍

第二关：请填一句古诗，将成语补全。

（　）日做梦

（　）积月累

（　）山傍水

（　）穷水尽

（　）善尽美

游戏解答

第一关答案：

萍（水）（相）逢

逢（凶）（化）吉

吉（人）（天）相

相（机）（行）事

事（半）（功）倍

第二关答案：

（白）日做梦

（日）积月累

（依）山傍水

（山）穷水尽

（尽）善尽美

mín bù liáo shēng **民不聊生**	shēng lí sǐ bié **生离死别**
bié wú cháng wù **别无长物**	wù lì wéi jiān **物力维艰**
jiān kǔ zhuó jué **艰苦卓绝**	jué wú jǐn yǒu **绝无仅有**
yǒu guó nán tóu **有国难投**	tóu shān cuàn hǎi **投山窜海**
hǎi fèi shān liè **海沸山裂**	liè tǔ fēn máo **裂土分茅**

故事链接

民不聊生：老百姓无法生存下去。

生离死别：生着分离，死后永决，
是人生最悲痛的事。

别无长物：除此以外，空无所有。
长物：多余的东西。

物力维艰：物产很少，得来不易。

艰苦卓绝：十分艰难困苦，达到非
凡的程度。

绝无仅有：只有这么一个或一点儿，

再没有了。形容极其少有。

有国难投：因某种原因，有国而归不得。

投山窜海：有罪被放逐到边远荒凉之地。

海沸山裂：大海沸腾，高山崩裂。

裂土分茅：指国家被分为多个诸侯国。茅：包土用的白茅，比喻分封地。

别无长物

dōng jìn shí qī   yǒu yí gè jiào wáng gōng de dú shū rén
东晋时期，有一个叫王恭的读书人，

tā shēng huó jiǎn pǔ   wéi rén zhēn chéng zhí shuài   cóng bù tān tú
他生活简朴，为人真诚直率，从不贪图

róng huá fù guì
荣华富贵。

yí cì   tā suí fù qīn cóng kuài jī huí dào dū chéng jiàn
一次，他随父亲从会稽回到都城建

kāng   tā de péng you wáng dà tīng shuō tā huí lái le   biàn tè yì
康。他的朋友王大听说他回来了，便特意

qián qù kàn wàng   liǎng rén tán de hěn gāo xìng   wáng dà kàn jiàn
前去看望。两人谈得很高兴，王大看见

wáng gōng zuò zài yì zhāng liù chǐ cháng de zhú xí shang   jiù duì
王恭坐在一张六尺长的竹席上，就对

他说："你从东边回来，所以会有这样的东西，可以给我一张吗？"

王恭没说什么。王大离开后，王恭立即把坐着的这张竹席卷起来给王大送去，自己没有了竹席，就坐在草垫上。后来王大知道了这件事，觉得很过意不去，就对王恭说："我以为你那里有很多这种竹席呢，所以才要的。"王恭笑着回答说："你不了解我，我为人处事，从来没有多余的东西。"

根本停不下来的成语接龙

第一关：随着知识的深入，我们的迷宫也越来越复杂了。同学们，加油寻找答案吧！

百		道	急
竿	头	岸	眉
	头		

百		益	生
感	广	国	
	集		民

第二关：填成语,补全歇后语。

姜太公钓鱼

———————（　　　　　　）

狗咬吕洞宾

———————（　　　　　　）

日落西山

———————（　　　　　　）

三十六计

———————（　　　　　　）

游戏解答

第一关答案：

百	道	道	急
尺	是	貌	之
竿	头	岸	眉
头	头	然	燃

百	益	益	生
感	广	国	聊
交	思	利	不
集	集	民	民

第二关答案：

姜太公钓鱼　　　　　　——（愿者上钩）

狗咬吕洞宾　　　　　　——（不识好人心）

日落西山　　　　　　　——（红不久）

三十六计　　　　　　　——（走为上策）

tángtángzhèngzhèng **堂堂正正**	zhèng dà guāng míng **正大光明**
míng jìng gāo xuán **明镜高悬**	xuán ér wèi jué **悬而未决**
jué shèng zhī jī **决胜之机**	jī zhì yǒng gǎn **机智勇敢**
gǎn zuò gǎn dāng **敢作敢当**	dāng wù zhī jí **当务之急**
jí fēng bào yǔ **急风暴雨**	yǔ guò tiān qíng **雨过天晴**

成语释义

堂堂正正：形容光明正大。

正大光明：形容胸怀坦荡，言行公正无私。

明镜高悬：像高高悬挂的明镜一样。比喻目光敏锐，可以洞察一切。

悬而未决：事情未做，或未有定论。悬：挂。决：决断。

决胜之机：决定胜负的机会。也形容决定胜负的时刻。

机智勇敢：形容智慧、勇敢、果断。

敢作敢当：敢于放手做事，敢于承担责任。

当务之急：当前最急需办的事情。

急风暴雨：迅猛的暴风雨。比喻迅猛激烈的斗争。

雨过天晴：雨后天转晴。

故事链接

当务之急

mèng zǐ shì zhàn guó shí qī de rú jiā dài biǎo rén wù
孟子是战国时期的儒家代表人物。

yí cì mèng zǐ de dì zǐ wèn mèng zǐ shuō xiàn
一次，孟子的弟子问孟子说："现

zài xū yào zhī dào hé xū yào qù zuò de shì qing hěn duō dàn dào
在需要知道和需要去做的事情很多，但到

dǐ yīng gāi xiān zhī dào shén me xiān zuò xiē shén me ne
底应该先知道什么、先做些什么呢？"

mèng zǐ huí dá shuō dāng qián xiān zuò de shì yīng gāi
孟子回答说："当前先做的事应该

shì zuì jí xū yào bàn de shì ér bú shì yào miàn miàn jù dào
是最急需要办的事，而不是要面面俱到。"

jiàn dào dì zǐ yí huò de yǎn shén mèng zǐ jì xù shuō
见到弟子疑惑的眼神，孟子继续说

道："比如，人人都爱仁德，也都需要用仁德的心去爱所有人，但最先做的应该是爱自己的亲人和贤者。例如，古代的圣主尧和舜尚且不能认识所有的事物，因为他们必须抽出当前最重要的事情解决。尧、舜的仁德也不是爱一切人，因为他们急于爱的是亲人和贤人。"

接着孟子又从反面来回答这个问题，孟子说："父母死了，不

智慧魔方大挑战

根本停不下来的成语接龙

一一九

去服三年的丧期，却对服三个月、五个月的礼节要求很严格；在长辈面前用餐很没礼貌地狼吞虎咽，咕咚咕咚地喝汤，却去讲什么不能用牙齿咬断干肉等等，这就是不知道当前最需要知道什么和做什么，舍本逐末的做法。"

趣味游戏

第一关：怎么样，是不是填得越来越快了呢？这就是"庖丁解牛，熟能生巧"的道理。

标		开	
新		诚	
	想		而
	异		公

别		入	
	不		词
一		入	
	格		理

第二关：成语爬楼梯，比一比,看谁爬得快！

西装　（　）（　）

中西　（　）（　）

急中　（　）（　）

气急　（　）（　）

游戏解答

第一关答案：

标	开	开	私
新	天	诚	忘
立	想	布	而
异	异	公	公

别	入	入	穷
具	不	情	词
一	格	入	屈
格	格	理	理

第二关答案：

西装(革)(履)

中西(合)(璧)

急中(生)(智)

气急(败)(坏)

qián lǘ jì qióng　　qióng jí wú liáo
黔驴技穷　　**穷极无聊**

liáo shèng yú wú　　wú néng wéi lì
聊胜于无　　**无能为力**

lì qū jì qióng　　qióng tú mò lù
力屈计穷　　**穷途末路**

lù féng zhǎi dào　　dào jìn tú dān
路逢窄道　　**道尽涂殚**

dān jīng bì lì　　lì jìn jīn pí
殚精毕力　　**力尽筋疲**

黔驴技穷：比喻有限的一点儿技能也已经用完了。现多用来
　　　　　讽刺一些虚有其表、外强中干、无德无才的人。
穷极无聊：困窘之极而无所依托。

聊胜于无：指比完全没有好
　　　　　一点儿。
无能为力：已经没有能力。
力屈计穷：力量和智谋都已
　　　　　用尽。
穷途末路：形容无路可走，

处境极其困窘。

路逢窄道：狭路相逢。后多用来指仇人相见，彼此都不肯轻
易放过。

道尽涂殚：路已走到尽头。形容无路可走。

殚精毕力：尽心竭力。

力尽筋疲：形容极度疲乏，一点儿力气也没有了。

黔驴技穷

gǔ shí hou　　qián zhè ge　dì fang méi yǒu lú　　　rén men yě
古时候，黔这个地方没有驴，人们也

bù zhī dào lú de yòng chù　　yǒu gè hào shì zhě tè yì cóng wài dì
不知道驴的用处。有个好事者特意从外地

mǎi huí yì tóu lú　　dàn hòu lái fā xiàn méi shén me yòng　　jiù
买回一头驴，但后来发现没什么用，就

bǎ tā shuān zài le shān xià de shù lín li
把它拴在了山下的树林里。

yì tiān　　shān zhōng de lǎo hǔ jiàn dào tā　　kàn shì yí
一天，山中的老虎见到它，看是一

gè jù dà de dōng xi　　rèn wéi shì kě pà de guài wu　　bù gǎn
个巨大的东西，认为是可怕的怪物，不敢

shàng qián　　jiù duǒ zài hěn yuǎn de lín zhōng tōu kàn　　guò le
上前，就躲在很远的林中偷看。过了

jǐ tiān lǎo hǔ jiàn lǘ bìng méi fā xiàn tā chū yú hào qí
几天，老虎见驴并没发现它。出于好奇，

lǎo hǔ jiàn jiàn jiē jìn lǘ shí fēn jǐn shèn
老虎渐渐接近驴，十分谨慎。

yí cì lǘ cháng míng yì shēng lǎo hǔ cóng méi tīng
一次，驴长鸣一声。老虎从没听

guo nà jiào shēng xià de yuǎn yuǎn táo zǒu fēi cháng kǒng
过那叫声，吓得远远逃走，非常恐

jù bù jiǔ lǎo hǔ xí guàn le lǘ de jiào shēng yú shì
惧。不久，老虎习惯了驴的叫声，于是

yòu màn màn de kào jìn
又慢慢地靠近

lǘ shèn zhì kě yǐ
驴，甚至可以

qián qián hòu hòu de dǎ
前前后后地打

liang lǘ dàn shǐ
量驴，但始

zhōng bù gǎn hé lǘ bó
终不敢和驴搏

击。后来，老虎的态度更为随便，它碰撞驴、倚靠驴、冲撞驴、冒犯驴。驴非常生气，

就奋力用后腿踢老虎，老虎见此非常高兴，心想："它的本领不过如此，原来没什么好怕的！"于是，老虎猛扑上前，一口将驴咬死，吃完了驴肉才离开。

后来，人们把这只驴在黔地被老虎吃掉的故事演变成成语"黔驴之技"，用来比喻人有限的一点儿本领已经用完，也称"黔驴技穷"。

根本停不下来的成语接龙

趣味游戏

第一关：龙缺龙眼，可不是闹着玩的，需要聪明的你来画龙点睛啊。

色		如	天
山			
			归
水	止		心

海		捞	月
人			
			花
人	古		前

第二关：把下面的成语补全。

（　）木皆兵　　成（　）在胸

水性（　）花　　月中折（　）

（　）李不言　　入（　）三分

（　）代桃僵　　囫囵吞（　）

游戏解答

第一关答案：

色	胆	如	天
山			下
光			归
水	止	如	心

海	底	捞	月
人			下
山			花
人	古	无	前

第二关答案：

(草)木皆兵　　成(竹)在胸

水性(杨)花　　月中折(桂)

(桃)李不言　　入(木)三分

(李)代桃僵　　囫囵吞(枣)

图书在版编目（ＣＩＰ）数据

根本停不下来的成语接龙／崔钟雷主编. -- 北京：
知识出版社，2014.10
（智慧魔方大挑战）
ISBN 978-7-5015-8244-0

Ⅰ. ①根… Ⅱ. ①崔… Ⅲ. ①汉语 - 成语 - 少儿读物
Ⅳ. ①H136.3-49

中国版本图书馆 CIP 数据核字(2014)第 225227 号

智慧魔方大挑战——根本停不下来的成语接龙

出 版 人	姜钦云	
责任编辑	周玄	
装帧设计	稻草人工作室	
出版发行	知识出版社	
地　　址	北京市西城区阜成门北大街 17 号	
邮　　编	100037	
电　　话	010-88390659	
印　　刷	北京一鑫印务有限责任公司	
开　　本	889mm×1194mm　1/16	
印　　张	8	
字　　数	40 千字	
版　　次	2014 年 10 月第 1 版	
印　　次	2020 年 2 月第 3 次印刷	
书　　号	ISBN 978-7-5015-8244-0	
定　　价	28.00 元